AF316068

OBSERVATIONS D'UN DIALECTICIEN

SUR LES

QUATREVINGT-ONZE QUESTIONS.

OBSERVATIONS D'UN DIALECTICIEN,

SUR LES

QUATREVINGT-ONZE QUESTIONS

*De mathématiques, de physique, de morale, de politique,
de littérature et de beaux-arts,*

ADRESSÉES

PAR

L'INSTITUT NATIONAL
DE FRANCE

A L'INSTITUT D'ÉGYPTE.

par Feydel).

A PARIS,

Chez GARNERY, Libraire, rue Serpente, N°. 17.

AN VII DE LA REPUBLIQUE.

PRÉFACE.

DES questions qui ont été envoyées au Caire pour y être publiques, ne peuvent et ne doivent demeurer secrettes à Paris ; et chaque français tant soit peu instruit, est sans doute admis, en France comme en Egypte, à l'honneur de les résoudre, suivant l'étendue de ses lumieres. Connu personnellement de plusieurs membres de l'Institut national des sciences et des arts, il étoit tout simple qu'une copie de ces questions me tombât entre les mains, comme elle est tombée entre les mains de tant d'autres. On trouvera tout simple aussi que j'y joigne quelques observations qui se sont présentées à mon esprit, à mesure que je les lisois. Si les questions sont bonnes et mes observations mauvaises, j'ai tort. Mais j'aurai prouvé à mes compatriotes, qu'il n'est pas vrai, ainsi que le prétendent nos ennemis, que la république de France ait anéanti la république des Lettres.

QUESTIONS
PROPOSÉES PAR L'INSTITUT NATIONAL
DE FRANCE,
A L'INSTITUT D'ÉGYPTE:

*Et observations du citoyen ***, sur ces questions.*

<table>
<tr><td>

QUESTIONS
MATHÉMATIQUES.

1. *LA longueur du côté de la grande pyramide paroît être la 500^{ieme} partie d'un degré du méridien ; mais il y a une différence de plus d'un mètre, entre les mesures qu'en ont données divers observateurs. Nous invitons l'Institut national du Caire, à faire mesurer ce côté avec exactitude, et à vérifier si, comme on l'assure, les faces des pyramides sont exactement tournées vers les quatre points cardinaux.*

</td><td>

OBSERVATIONS.

(1). ON dit, la longueur d'une hallebarde ; la hauteur, la base et les côtés d'une pyramide, mais non pas son côté tout seul : car il est de nécessité première, qu'une pyramide ait plusieurs côtés, en Egypte comme ailleurs. Supposons néanmoins que l'Institut de Paris ait eu ses raisons pour s'exprimer comme il l'a fait. Eh bien, la longueur du côté de la grande pyramide, est, ou paroît être la cinq - centieme partie d'un degré du méridien : que faut-il inférer de-là ? Que si elle en est cette partie, elle n'en est

</td></tr>
</table>

QUESTIONS.   **OBSERVATIONS.**

pas une autre ; et rien de plus. Y a-t-il au monde, une seule pyramide, dont toutes les dimensions ne soient pas une partie quelconque d'un degré du méridien ?

Et si les faces des pyramides sont exactement tournées vers les quatre points cardinaux, nous en tirerons deux conséquences incontestables. Premierement, que les pyramides, puisqu'elles ont plusieurs faces, ont plusieurs côtés. Secondement, que les égyptiens d'autrefois savoient comme les égyptiens d'aujourd'hui, que le soleil se leve à l'orient, et qu'il se couche à l'occident.

Ce n'est ni dans les périodes éloquentes de Bossuet, ni dans les compilations ingénues de Rollin, ni dans les pesantes fables de Terrasson, ni dans le factum spirituel de Thilorier pour Cagliostro, que des philosophes doivent étudier l'histoire scientifique de l'ancienne Egypte.

2. *Nous l'invitons encore à*   (2). 1°. La coudée de l'ancien

QUESTIONS.

OBSERVATIONS.

faire mesurer avec soin la coudée du nilomètre du Caire, qui paroît être la deux cent-millième partie d'un degré du méridien ; et pour ne laisser aucune incertitude sur son rapport à la longueur du mètre, nous l'invitons à nous envoyer plusieurs baguettes de métal égales à cette coudée.

nilomètre est inconnue ; ce point d'histoire n'est pas un secret. Quant au nilomètre moderne, le pacha ou le bey qui le fit faire, ne savoit ce que c'est qu'un arc de méridien. Les constructeurs de l'ancien nilomètre, ceux de la grande pyramide, les mages des Pharaons, en eurent, sans doute, connoissance : et on peut le prouver par le rapprochement de leur année astronomique, composée de trois cents soixante jours, avec la division géométrique du cercle en trois cents soixante degrés, qui nous est venue d'eux, à travers les siecles. Mais s'ils eurent une idée nette de la courbure circulaire des lignes méridiennes, il ne s'ensuit pas qu'ils fussent en état d'en mesurer un degré. Il seroit au contraire facile de démontrer que des instrumens indispensables pour prendre cette mesure leur manquoient absolument.

2°. Plusieurs baguettes de métal seroient inutiles pour transmettre

QUESTIONS.

3. *C'est au Caire, ou près de cette ville , que Ibjunis , l'un des plus célébres astronomes arabes a observé. Nous possédons un fragment de son ouvrage, que l'on traduit dans ce moment , et qui renferme un grand nombre d'observations jusqu'ici inconnues , d'éclipses de soleil et de lune , et de conjonctions des planetes. Ce fragment précieux nous fait vivement désirer l'ouvrage entier. Nous invitons l'Institut national du Caire à faire des recherches pour se procurer cet ouvrage , et à nous l'envoyer , ainsi que celui d'Albatenius , dont nous n'avons qu'une traduction latine très-imparfaite, et généralement ceux des divers astronomes arabes. L'astronomie étant la science que les arabes ont le mieux cultivée , leurs observations peuvent être*

OBSERVATIONS.

au loin une longueur ; plusieurs baguettes de métaux ne le seroient pas.

(3). Il ne faut jamais négliger les manuscrits ; tous sont des matériaux pour l'histoire : mais cette demande-ci est ou dérisoire ou étrangement modeste , puisqu'on l'appuie sur nos besoins astronomiques. Est-ce de bonne foi , que l'Institut de Paris veut persuader à l'Institut du Caire, que les manuscrits du rabin Mathieu fils de Iunis , que ceux d'Albatigne , et généralement les manuscrits des divers astrologues arabes , peuvent perfectionner nos théories ? Ainsi donc l'astronomie va chomer en Europe, jusqu'à ce qu'on y ait la science complette d'Abul-Masar , d'Abul-Bahar , d'Abul-Chars, d'Abul-Sariel , d'Abul-Helm , d'Alfragan, d'Alchabit, de Ioussef ou Joseph, d'Alkindi , d'Avenzoar, de Mogrebin , de Noïmoddin , de Facroddin , de Naziroddin , etc.

extrêmement

QUESTIONS.

extrêmement utiles à la perfection des théories astronomiques ; et par cette raison, la connoissance de leurs ouvrages est une des choses qui nous intéresse le plus.

4. Nous invitons encore l'Institut national à déterminer la longitude et la latitude du Caire, et s'il est possible, de l'observatoire d'Ibjunis, de l'ancienne et de la nouvelle Alexandrie, de Sienne et des principaux lieux de l'Egypte. L'observatoire de l'école d'Alexandrie, ayant été, suivant Strabon, dans le palais

OBSERVATIONS.

Et voilà l'Institut d'Egypte réduit à disputer leurs œuvres manuscrites, avec tous les tireurs d'horoscope que l'Affrique et l'Asie offrent à chaque pas.

Mais ce qui doit ajouter à l'étonnement de l'Institut d'Egypte, c'est qu'on puisse ignorer à l'Institut de France, que les manuscrits de tous ces personnages, et notamment ceux d'Albatigne ou Albatenius, existent en bon état dans la bibliothèque du Vatican ; s'ils n'ont pas été apportés à Paris, par le commissaire Monge et ses collègues.

(4). C'est, sans doute, par inadvertance, qu'on fait cette invitation très-inutile à des savans de profession, qui sont allés, par ordre d'un gouvernement, observer un pays éloigné. Peut-être eût-il mieux valu leur donner des renseignemens sur Sienne en Egypte ; ce qui eût été vraiment nouveau pour eux : car ils ne connoissent

B

des rois d'Egypte, on pourroit peut-être en reconnoître la position, parmi les ruines de cette ville.

5. Nous invitons encore les astronomes de l'Institut du Caire, à multiplier les observations astronomiques, et sur-tout celles des occultations d'étoiles par la lune ; les astronomes d'Europe étant attentifs à ces phénomènes, pour correspondre avec les observateurs qui sont présentement en Egypte. Nous les invitons enfin à nous envoyer leurs suites d'observations sur l'inclinaison et la déclinaison de l'aiguille aimantée, sur les durées de ses oscillations, pour en conclure la force magnétique en Egypte. Sur toutes les variations de l'atmosphère, sur les marées de la mer rouge, et sur les réfractions astronomiques.

6. *Enfin, nous les invitons à déterminer exactement la différence*

une ville de ce nom qu'en Italie.

(5). Cet article est-il partout assez clair ? Et ne faudroit-il pas peut-être, que l'Institut de Paris apprît à l'Institut d'Egypte, qui sont ces astronomes d'Europe, au nom desquels il lui fait des propositions ?

Mais de quel physicien, ou de quel voyageur, l'auteur de cet article a-t-il appris que, *des variations de l'aiguille aimantée*, on puisse, en aucun tems, ou dans aucun pays, *conclure* le plus ou moins d'intensité de *la force magnétique ?*

(6). Soyez tranquilles sur le premier point ; soyez plus français

QUESTIONS.

*du niveau des deux mers ; à déter-
miner jusqu'à quel point les anciens
égyptiens avoient perfectionné les
canaux.*

*7. Déterminer la latitude du
fond du golfe d'*Akaba *, nommé
anciennement* Aelanites-sinus *, où
étoient situés la ville et le port d'Ai-
lath.*

*8. S'assurer si le fond du golfe
d'*Akaba *se termine en deux petits
golfes. Voir ce qu'à dit le citoyen
Gosselin sur ce sujet.*

QUESTIONS.
PHYSIQUES.

*9. Quelles sont la température
et la salure des eaux de la mer Rouge , et de la partie de la mer Méditerranée, la plus voisine de l'Égypte , auprès de la surface, à différentes profondeurs , et dans différentes
saisons ?*

10. Quelle est la température

OBSERVATIONS.

sur le second. Ce n'est pas en pays
de plaine qu'il faut étudier le per-
fectionnement des canaux ; mais
sur la montagne de Maupas , Ri-
quet les a perfectionnés.

(7). Conseil oiseux. Voyez le
n°. 4.

(8). Prenez garde : ils vont croire
que vous vous moquez d'eux, si
vous leur conseillez d'en consulter
un autre que D'anville , sans mo-
tiver au moins ce conseil.

OBSERVATIONS.

QUESTIONS.

des eaux du Nil, auprès de la surface, à différentes profondeurs, et pendant diverses saisons ?

11. Quelle est la température des premieres couches du sable des déserts, et de la terre végétale du Delta, à divers époques de l'année ? etc.

12. Quelle est la température des amas d'eau que l'on rencontre quelquefois au milieu des déserts voisins de l'Égypte ? etc.

13. Connoît-on dans les environs de l'Égypte, une race ou variété particulière de lions, dont une femelle a été amenée récemment en France, du grand désert voisin de Tunis, et vit maintenant dans la ménagerie du Muséum national d'histoire naturelle ? Cette femelle est distinguée des lionnes connues depuis longtemps, par les nuances que son poil présente sur plusieurs parties de son corps, par quelques taches, etc. La race à laquelle elle appartient est très-

OBSERVATIONS.

(9, 10, 11, 12). Un, deux, trois, quatre conseils qu'on oseroit à peine donner à un médecin de village.

(13). Ces sortes de questions ne doivent point être faites d'une maniere grave, qui sembleroit les assimiler à celles qui peuvent servir à l'avancement des sciences. Au reste, comment savez-vous si la race est très-féroce, puisque vous n'en connoissez qu'un seul individu ?

QUESTIONS.

OBSERVATIONS.

féroce. Quelles sont les formes extérieures du mâle, les habitudes de la race etc. ?

14. A quelles époques de l'année ont lieu en Egypte, l'arrivée et le départ périodiques des oiseaux voyageurs de l'Asie mineure, de la Grèce, ou d'autres contrées de l'Asie ou de l'Europe ?

15. Quels sont les vents qui régnent lors de l'arrivée ou du départ de ces oiseaux, et sur-tout quelques jours auparavant ?

16. Pourroit-on se procurer des renseignemens précis sur la manière dont l'autruche dépose ses œufs, sur le temps au bout duquel ses œufs éclosent, etc. ?

17. Quelle est la nourriture habituelle du lézard scinque et du lézard stellion ? On désireroit avoir pour le Muséum national d'histoire naturelle, des scinques bien conservés.

(14, 15). Bien : mais ne seroit-ce pas mieux de commencer par faire soi-même ces observations en Europe, avant de les demander en Affrique ? Et si, en les demandant en Affrique, on les fait en Europe, la simple courtoisie ne voudroit-elle pas qu'on en avertît ses correspondans ?

(16). Cachez soigneusement cet article. Présenter au vulgaire, des problêmes de ménagerie, avec autant d'apparat que des questions scientifiques, est le plus sûr moyen de lui inspirer du mépris pour les véritables sciences.

(17). Les concierges du cabinet d'histoire naturelle sont-ils en peine de la façon dont ils doivent nourrir leurs lézards empaillés ? Est-ce à deux Instituts nationaux à les tranquiliser sur cet important chapitre ?

QUESTIONS.

18. Le galuchat *le plus re-cherché dans le commerce , se fait avec la dépouille d'un animal marin, que l'on ne s'est en quelque sorte procuré jusqu'à présent en France , que par le moyen des étrangers. On ignoroit à quelle espèce appar-tenoit cette dépouille , et dans quelles mers on pêchoit cette espèce. Le citoyen Lacepède a trouvé que cette même dépouille , improprement ap-pelée* peau de requin *, est la peau du dos d'une raie nommée* sephen, *qui vit dans la mer Rouge. Ne pourroit-on pas facilement délivrer à cet égard , l'industrie française , de toute sujétion à une industrie étrangère ?*

19. *Quelle est la nourriture la plus ordinaire du poisson cartilagi-*

OBSERVATIONS.

(18). Galuchaz est le nom d'un ouvrier de Paris , qui demeuroit dans la rue de Harlay. Cet ouvrier n'alloit à la pêche ni du requin , ni de la roussette , ni de l'aguillat , ni du sephen. Il n'alloit à la chasse ni de l'onagre , ni du sagri. Mais il achetoit des peaux de sagri , d'onagre, de roussette et de requin : mais il avoit inventé l'art de polir ces peaux , de les blanchir , de les teindre , et de les employer avec éclat , dans sa profession de gaî-nier. Il étoit même parvenu à sur-passer le *sagrinage* ou *chagrinage* des arabes ; et il l'appliquoit avec un égal succès à leurs quadrupèdes et aux nôtres. A moins de déter-miner le grand et le petit chien de mer , à venir habiter la Seine , je ne vois pas qu'il soit possible d'ajou-ter à la branche d'industrie que créa cet ouvrier si renommé et si di-gne de l'être.

(19). Est-ce pour tromper la di-gestion homicide du tetrodon , ou

QUESTIONS.

OBSERVATIONS.

neux, que l'on nomme tetrodon croissant, que l'on rencontre dans le Nil, dans la Méditerranée, etc. et dont la chair est regardée comme très-malfaisante ?

tétraodon croissant, qu'on veut savoir de quoi il se nourrit ? En effet, si on pouvoit l'accoutumer aux alimens du tetrodon étoile, dont la chair fricassée par les matelots, est excelente et saine, les pêcheurs des quatre parties du monde ne seroient plus obligés de le rejetter de leurs filets. Mais il y a des choses plus pressées que cette grande opération. N'avons-nous pas le scorpion, la vipère, la tarentule, etc. dont le régime de vie est plus dangereux encore à l'espèce humaine, que celui du tétraodon croissant ?

20. Quelles sont les principales habitudes des poissons osseux et abdominaux, connus sous le nom de mormyres ? Ne pourroit-on pas en envoyer au Muséum national d'histoire naturelle ?

(20). Les ichthyologues ont-ils donc aussi leur aristocratie ? Et tant qu'il restera sur nos côtes et dans nos ruisseaux, des poissons à dessiner par nos artistes, à nommer par nos pêcheurs et nos écoliers en congé, à classer par nos naturalistes, à étiqueter par leurs élèves; un ichthyographe, peut-il, sans exposer sa gloire aux reproches de la postérité, consumer un temps précieux, dans de doctes inquiétudes

<table>
<tr><td>

Q U E S T I O N S.

</td><td>

O B S E R V A T I O N S.

sur les poissons d'Affrique ou
d'Asie ? Cette famille osseuse et
abdominale , par exemple , que
M. de Buffon crut être née dans
la vessie du président de Mont-
fermeil , et qui est un produit
aborigène de la fontaine de sa
basse-cour, dont une servante avoit
laissé , par hazard , quelques indi-
vidus dans la rinçure d'un vase
de nuit ; cette famille est - elle
moins digne de l'attention de l'Ins-
titut national , que les mormyres
du Delta ou du golfe Persique ?
Cependant , il faut l'avouer à la
confusion de la science dite de la
nature , ses initiés ni ses rose-croix
n'ont daigné , jusqu'à ce jour , nous
rien apprendre de ces petits ani-
maux , anoblis , s'il est besoin , par
l'erreur d'un grand homme. Aucun
adepte n'a eu la curiosité , la géné-
rosité de faire le voyage de Paris
à Montfermeil , pour les exami-
ner, en décrire les dimensions ou
les habitudes , et ajouter ainsi à la

</td></tr>
</table>

Q U E S T I O N S.

21. *N'auroit-on pas de très-grandes facilités pour s'occuper d'EXPÉRIENCES comparatives sur les mouvemens de la sève dans les palmiers dont l'organisation est si différente de celle des grands arbres des contrées froides ou tempérées de l'Europe ?*

22. *A quelles espèces, ou du moins à quels genres faudra-t-il rapporter les principales empreintes ou pétrifications d'animaux ou de végétaux que l'on aura pu découvrir dans les couches de la terre de la Haute ou de la Basse-Egypte ?*

23. *Quelle est la véritable origine du nutrum ou carbonate de soude, effleuri sur la terre ?*

24. *Quelle est l'origine du borax, qu'on doit connoître d'une manière particuliere en Egypte ?*

25. *Quels sont les détails de la fabrication du sel ammoniac ?*

O B S E R V A T I O N S.

masse des connoissances, comme on dit.

(21). Seroit-il possible que l'auteur de cette demande, ignorât les OBSERVATIONS aussi curieuses qu'inutiles, du clairvoyant Leeuwenhoeck, sur la circulation de la sève, depuis l'ébenier jusqu'au palmier ? Et, s'il les connoît, peut-il se dispenser de les rappeler à ceux à qui il propose d'en faire inutilement de nouvelles?

(22). A l'animal qui a porté les cornes d'Ammon.

(23, 24, 25). Trois questions de régent, dont Berthollet n'a pas besoin. Un corps académique doit viser à l'économie, sinon dans ses mémoires que personne n'est tenu de lire, au moins dans ses questions, qui s'adressent toujours à quelqu'un.

QUESTIONS.

26. *Quelles sont les formes et les HABITUDES des animaux marins qui construisent les madrépores ?*

OBSERVATIONS.

(26). Il faut demander ceci aux huîtres. En attendant leur réponse, on pourroit s'informer auprès des philosophes du Canada, des véritables *habitudes* du castor. Et, en attendant la réponse de ces philosophes, dont l'école ne subsiste peut-être plus, depuis que l'irrévérend Diderot a publié dans l'encyclopédie une analyse de leur doctrine, qu'il tira du gros livre d'un docteur d'Allemagne, qui l'avoit lui-même transcrite d'un petit roman français ; on pourroit se donner le passe-tems utile de biffer les contes du hâbleur Lahontan, du rimeur Diereville, des crédules Sarrasin, Sagard et autres, sur les castors : contes absurdes, copiés dévotement par l'abbé Pluche, pour l'édification de madame la comtesse, embellis indévotement par MM. de Buffon et Raynal, pour l'instruction de l'Europe. Car enfin il n'est pas toujours nécessaire d'apprendre,

QUESTIONS.	OBSERVATIONS.

mais il est toujours nécessaire de désapprendre quelquefois.

27. *Analyser les couleurs qui ont servi aux peintures des temples de Deuderah, de Luxor.*

(27). Pense-t-on réellement dans l'Institut, qu'un des premiers créateurs de la chimie, que Berthollet ait besoin de cette recommandation ?

28. *Trouve-t-on dans les monumens égyptiens des pierres factices, les analyser pour en connoître les élémens ?*

(28). Dolomieu ? quand ton génie nous dévoiloit les secrets de l'Etna, du Vesuve et de la Solfatare, tu étois loin de prévoir les conseils que te donne ici tel homme qui se croit évidemment dispensé de te lire.

29. *Il est sans doute superflu d'inviter les membres de l'Institut national du Caire à vérifier les observations de Prosper Alpin, sur les objets relatifs à la constitution physique des naturels du pays, à leurs maladies, à leurs pratiques préservatives ou médecinales, et aux procédés de leur médecine opératoire.*

(29). Pourquoi donc les y inviter par un numéro ? Mais puisque vous les y invitez, c'est dommage qu'en écrivant *médecinales*, vous ne nous appreniez pas ce que vous voulez que nous fassions de *médicales*.

OBSERVATIONS.　　　　　Q U E S T I O N S.

30. *Ils fixeront sans doute leur attention, entre autres objets, sur les suivans.*

31. *Les procédés lithotomiques.*

(30, 31). Des chirurgiens français étudier les procédés lithotomiques d'opérateurs qui sont à dix siècles des instrumens du frere Côme ! Et puis qu'on dise que notre nation n'est pas humble. Heureusement qu'elle n'est pas toute de l'Institut.

32. *Le moxa. Son usage comme préservatif ou comme curatif.*

(32). Dans un pays qui a la gloire d'avoir vu naître Potot, et l'avantage de posséder son livre, il ne faudroit faire cette question qu'en montrant un grand respect pour sa mémoire. Ne nous dissimulons pas que les hommes qui font avancer les sciences, sont rares.

33. *L'usage de l'opium comme enyvrant. La nature des préparations dont il fait la base, et leurs effets différens.*

34. *L'usage du suc épaissi ou de l'extrait de* cannabis, *considéré comme enyvrant, et comme ayant une influence particulière sur les*

(33, 34). Questions inutiles, à l'égard des personnes à qui elles sont adressées, mais utiles quant à la science des médecins ; partant, supportables ici. Bien entendu, toutefois, que les rêves qu'on se procurera, ou qu'on procurera aux autres, avec les confi-

<table>
<tr><th>QUESTIONS.</th><th>OBSERVATIONS.</th></tr>
</table>

égaremens de l'imagination, dans l'yvresse qui en résulte, ainsi que sur les rêves.

tures de cannabis, ne pourront tirer à conséquence hors de l'Institut : et qu'on ne s'en servira point aux yeux des pauvres d'esprit, pour renforcer le manteïsme d'Eteilla, le somnambulisme de Mesmer, le patagonisme de Maupertuis, le nootomisme de Condillac, etc.

35. Les rapports de fécondité entre les diverses races qui habitent l'Egypte. Est-il vrai que les individus transportés de Géorgie, de Circassie, etc. soient beaucoup moins féconds que les naturels, et que leur postérité, d'ailleurs très-peu nombreuse, ne s'étende pas au-delà de la seconde génération ? Cette infécondité, si elle exite, n'est-elle pas due plutôt à l'organisation civile, qu'à des dispositions physiques ?

(35). L'Institut national des sciences et des arts employe ici le mot *individu* dans une acception éphémere, que la saine philosophie ne peut tolérer : mais passons.

Il n'est pas vrai que le sage doute toujours. Les naïrs au Bengale, les prêtres en France, n'avoient point d'enfans reconnus par les lois. Il n'appartenoit qu'aux matelots portugais de douter que les naïrs fussent aptes à la reproduction : il n'appartenoit qu'aux sauvages de l'Amérique qui les premiers virent des missionnaires, de concevoir le même doute à leur sujet. Appartiendroit - il

QUESTIONS.

OBSERVATIONS.

aux physiciens de l'Institut, de croire que le fils d'un mamelouc ne puisse pas être le pere d'un autre?

36. *Est-il vrai que dans les temps de peste, les porteurs d'eau soient constamment exempts de ce fléau ? On a attribué cette exemption à ce que ces hommes, presque entièrement nuds, et portant l'eau dans des outres, sont continuellement inondés de l'eau qui en dégoûte.*

(36). Question fesable, a cause du cuir mouillé de *l'outre*, plutôt que de l'eau qui en *dégoûte*. On n'a pas vu dans nos contrées, que les lavandieres, les teinturiers, etc. aient échapé à la peste : mais on y a vu ce fléau respecter des rues entieres de tanneurs.

37. *Comme il est probable qu'une partie des prohibitions légales et religieuses de certains alimens a pris naissance en Egypte, existe-t-il dans la nature et les effets de ces alimens, dans ce pays, quelque raison phsyique de ces prohibitions ?*

(37). 1°. Pas plus probable pour l'Egypte que pour ailleurs. 2°. On est loin de connoître l'histoire des institutions morales, quand on les confond avec des ordonnances de médecine.

38. *Quelle est la nature des eaux de citerne et de puits, dans les lieux assez éloignés du fleuve, pour qu'on soit obligé de recourir à ces eaux pour l'usage journalier et pour les boissons ? Quelle pa-*

(38). La premiere partie de cette question auroit dû faire frissonner jusqu'aux os Urbain Domergue, grammairien de l'Institut; et la seconde lui donner la jaunisse pour dix ans, si au lieu d'être

Q U E S T I O N S.

roît être leur influence sur la santé des habitans ?

39. *Les maladies érupti-ves , les afflictions cancé-reuses , les maladies véné-riennes , en général toutes celles dont les phénoménes se lient naturellement avec l'idée d'un vice plus ou moins contagieux , et qui se portent spécialement , ou vers la peau , ou vers quel-que partie du systéme lym-phatique , présentent-elles , dans leur fréquence , leur durée , leurs progrés , leur terminaison , leurs symptô-mes , les influences dont elles sont susceptibles , des différences propres au pays , et qui les distinguent de ce*

O B S E R V A T I O N S.

son grammairien il étoit son lo-gicien. De quelles citernes , de quels puits , de quelle santé, de quels habitans , prétend-on parler ici ? Et que répondroit l'Institut de Paris , à une accadémie étran-gere , qui lui demanderoit quelle paroît être l'influence de l'athmos-phère de France sur la santé des français ?

(39). 1°. *Afflictions cancéreuses,* pour *affections ;* apparamment parce qu'on dit , *être affligée d'un cancer.* Mais c'étoit moins l'analogie gram-maticale qu'il falloit consulter ici , que l'analogie des idées.

2°. Pourquoi l'Institut inter-rogant n'avertit-il pas l'Institut interrogé, que cette question est de la nature de celles qui ne peu-vent être résolues qu'en trois ou quatre siècles ? Seroit-ce parce que l'Institut du Caire n'a pas besoin de cet avis ? En ce cas, il n'a pas besoin de la question.

que nous voyons en Europe ?

40. *Léléphantiasis est-il commun en Egypte et le regarde-t-on dans ce pays comme contagieux ?*

41. *Trouveroit-on quelque trace de l'inoculation de la peste ?*

42. *Pourroit-on savoir de quelque arabe de la Mecque, quelle est la quantité de baume de ce nom que produisent annuellement les baumiers de la Mecque. Amyris - opobalsamum de Linnée ; quantité qui passe toute entiére dans le serrail ?*

(40). Pourquoi particulariser cette question , quand il eſt notoire parmi les médecins d'Europe, que les maux d'yeux et d'enfourchure , sont aussi communs en Egypte que l'éléphantiasis , et paroissent avoir la même cause ?

(41). L'inoculation de la petite-vérole fut inventée par des marchands d'esclaves, qui avoient intérêt que les belles filles qu'ils conduisoient aux bazars , ne s'enlaidîssent pas en route. Il étoit réservé à un russe , à un être à demi-conceptions , d'inventer l'inoculation de la peste.

(42). Question louche et équivoque. Louche, en ce qu'il n'y a pas plus de baumiers à la Mecque, qu'il n'y a de cafiers à Moka, et de maronniers à Lyon. Equivoque, en ce qu'on ne sait si l'Institut veut parler du serrail de Constantinople, de celui de la Mecque , de celui d'Yemen , ou de tout autre.

43. Les grecs ont dit que le Delta est un bienfait du Nil, des auteurs modernes l'ont nié. Existe-t-il des preuves du sentiment des anciens, soit 1°. par la nature différente des terres du Delta comparées à celles du reste de l'Egypte. 2°. par le dépôt que peut apporter le Nil chaque année, dépôt que l'on suppose apporté successivement depuis un grand nombre de siécles ?

Q U E S T I O N S

M O R A L E   E T   P O L I T I Q U E.

44. Reste-t-il dans le langage du pays, dans la tradition ou dans les monumens quelque affinité avec ce peuple nomade qu'on appelle en diverses contrées de l'Europe Bohémiens, Egyptiens, Gyganis, Gypsics ?

(43). 1°. Les grecs n'appelloient pas plus le Delta un bienfait du Nil, qu'ils n'appelloient un miroir le conseiller des graces. 2°. Les terres du Delta seroient d'une nature différente de celles de l'Egypte continentale, qu'on ne pourroit prouver l'alluvion, qu'en établissant une fausse prémisse. 3°. Les dépôts successifs aux embouchures des fleuves, sont enlevés successivement par les courans des mers ; sans quoi il n'y auroit plus de fleuves depuis long-tems.

(44). On dit qu'il y a beaucoup à espérer des enfans questionneurs, et que l'âge développe en eux des facultés extraordinaires. Si cette remarque est vraie, que de merveilles ne devons-nous pas attendre de l'Institut, quand il sera devenu grand !

Essayons cependant de réduire à ses plus simples termes, cette pre-

D

QUESTIONS.

OBSERVATIONS.

mière question de morale et de politique.

« Les égyptiens sédentaires d'E-
« gypte parlent-ils un langage res-
« semblant à celui des égyptiens
« vagabonds d'Europe ? Y a-t-il en
« Egypte quelque monument qui
« indique l'époque de la migration
« de ceux-ci, que nous appellons un
« peuple nomade ; ou quelque an-
« cienne tradition qui la rappelle » ?

Maintenant voici une réponse, en attendant celle du Caire.

1°. Ce prétendu peuple no-made, qui n'a été chassé d'Egypte qu'en 1484, ou environ (Voyez, s'ils existent encore, les regîtres manuscrits de l'évêché de Paris, les recueils imprimés d'anciens arrêts du parlement ; peut-être Pasquier, Sauval, Lemeingre, Lamarre, Féli-bien et Lobineau, etc.); ce prétendu peuple nomade n'a pas pu oublier en deux ou trois siècles son baragouin copthe : et en effet il le parle, ainsi que s'en sont convaincus Guillaume

 OBSERVATIONS.

Bonjour, Christian Blumberg, et d'autres savans ; ainsi que pourroient l'attester quelques vieux matelots de Marseille.

2°. Cette double particularité seroit inconnue, que l'Institut du Caire, n'ayant point de bande de bohémiens qu'il puisse examiner, se trouve, par le fait de sa position, être le seul corps savant hors d'état de résoudre la question oiseuse qu'on lui propose.

3°. Il est vrai que Voltaire, qui s'avanturoit peu quand il écrivoit des faits, mais qui se trompoit assez dans la recherche des causes, a cru pouvoir faire remonter aux prêtres d'Isis, l'origine de nos bandes d'égyptiens. Mais Voltaire, en présentant cette conjecture pour une vérité, ne s'adressoit point à une académie, au nom d'une académie. Mais Voltaire, s'il eût vu l'observation que le lecteur a sous les yeux, n'auroit eu rien de plus pressé que d'en vérifier l'assertion

QUESTIONS.

OBSERVATIONS.

principale, de se convaincre de son tort et de l'avouer. Il est encore vrai que Voltaire avoit eu le tems de grandir.

45. *Quel est le maximum de la population dont l'Egypte admet la possibilité, proportion des sexes comparée, et durée moyenne de la vie, différence entre les villes et les campagnes ?*

(45). Question bonne à proposer dans un quart de siècle, si la colonie française prend d'ici là quelque stabilité.

46. *Dans quelles contrées et quelles professions la longevité est-elle plus commune ?*

(46). De même.... A propos de longévité, savez-vous ce qui arriva en Egypte à Tournefort? Il vit un vieillard de cent vingt-deux ans, qui n'avoit jamais bu que de l'eau ; et dans un canton voisin, un vieillard de cent vingt-quatre qui n'avoit bu que de l'eau-de-vie.

47. *A défaut de registres publics, faire au moins un relevé aproximatif des morts de chaque âge, depuis un*

(47). Bon à proposer au bout de cent ans, pour satisfaire la curiosité des oisifs en politique et en morale : à condition que dans l'intervalle des

certain nombre d'années, en distinguant les sexes et les maladies.

48. *Distinguer sur-tout, entre les morts de chaque âge, ceux qui sont morts de la petite-vérole.*

49. *S'informer combien d'enfans de chaque âge ont échappés aux dangers de la petite-vérole naturelle.*

50. *Prendre les mêmes informations relativement à la petite-vérole inoculée, en distinguant toujours les âges et les sexes.*

51. *Dresser, s'il est possible, un état mortuaire âge par âge, des célibataires, des hommes mariés, des veufs, des femmes mariées et des femmes veuves.*

deux époques, l'Institut ne quittera point l'Egypte, et ne s'occupera que de cette question. La maxime orientale, *Il appartient au seul Dieu de dénombrer les vivans et les morts*, sera peut-être un léger inconvénient, qui ajoutera au retard de la balance demandée.

(48). Vingt ans de plus.

(49, 50). Est-ce en Egypte ? Est-ce dans une peuplade ? Est-ce dans une famille ? Est ce dans une caravane ? Est-ce dans une division religieuse ? Est-ce sur un nombre donné d'enfans ? Il ne suffit pas d'être importun ; il faut être clair.

(51). Ceci est très-clair : mais on ne doit pas encore avoir oublié l'histoire de ce marquis chargé de dettes, qui écrivoit à sa femme, en lui envoyant un diamant acheté à crédit : « Ma chère amie, puis-« que nous ne pouvons pas nous « procurer le nécessaire, procu-

QUESTIONS.	OBSERVATIONS.

« rons-nous au moins le superflu ».
Combien, hélas, de nos aligneurs de chiffres politiques raisonnent comme ce marquis.

Il est des sciences qui, de leur nature, sont circonscrites dans un petit espace : l'arithmétique politique est de ce nombre. En la fesant sortir du cercle que lui avoit tracé, par ses exemples, Guillaume Petty, qui s'en crut l'inventeur, on est tombé dans une fausse méthaphysique. Et de là une foule de conséquences ; les unes risibles, telles que la durée de la vie de l'homme réduite à trois ans ; les autres insensées, telles que toutes les analyses de produit net, depuis la pieuse ligue du médecin Quesnay, de l'avocat Letrosne, et de l'honnête homme Turgot jusqu'à nos jours : les autres extravagantes, telles que tous les systêmes d'impôt progressif, depuis et y compris le livre de Thomas Payne, et le très-grand nombre de projets d'instruc-

QUESTIONS.   OBSERVATIONS.

tion publique ou d'éducation natio-
nale : les autres enfin cruellement
humaines, telles que la taxe des
marchandises en 1793, et la pré-
dication de Babeuf, en l'an cinq.
Il faut convenir que voilà des su-
perflus qui ne dispensent point du
nécessaire.

52. *Quels sont les degrés de température, dans chaque saison ?*

(52). C'est selon.

53. *Quels sont les degrés de température, aux diverses heures du jour, en chaque saison ?*

(53). C'est selon.

54. *Quelles sont les heures du travail des ouvriers en chaque saison ?*

(54). C'est selon.

55. *De combien d'heures de travail continu est capable un individu, en chaque saison ?*

(55). C'est selon.

56. *Et quelle est la quantité de nourriture, ainsi que la qualité des alimens.*

(56). C'est selon.

57. *Y a-t-il d'autre régle que le* koran, *pour la justice distributive, civile et criminelle ; quels sont les*

(57, 58, 59). Que l'auteur de ces étranges questions, faites si légérement à des voyageurs à peine débarqués en Egypte, me

modes d'exécution : sont-ils les mêmes dans les différens pays, quelles sont les bases et les bornes de la propriété ?

58. *Caractére politique, religieux et moral des diverses sectes qui sont en Égypte, causes et résultat des modifications que ce caractére a éprouvées ; influence des différentes sociétés religieuses sur la morale, les lumieres et le gouvernement, influence du gouvernement sur ces sociétés,*

59. *Étendues* (1) *et bornes de la puissance maritale, de l'autorité paternelle, et des obligations filiales, déterminées soit par l'usage, soit par la loi.*

____

(1) Je ne puis me dispenser d'avertir ici le lecteur, que toute cette mauvaise ponctuation m'est étrangère, ainsi que le mot *étendues*, au pluriel ; et je m'étonne que les grammairiens en titre de l'Institut national, aient poussé jusqu'à cet excès la négligence. *Note de l'Imprimeur.*

permette de lui demander, s'il oseroit bien se les faire à lui-même, au sujet de la France ? au sujet d'une de ses divisions géographiques ? au sujet d'un pays voisin, grand ou petit ? Ne diroit-on pas qu'il est aussi facile de lui adresser des réponses, qu'il lui est aisé, à lui, d'accumuler des demandes ? Où donc se trouve, à Paris, en Europe, chez les modernes, chez les anciens, un livre concernant un peuple quelconque, qui soit capable de satisfaire un lecteur, sur toutes les questions vaguement multipliées, qu'il présente ici sous trois numéros? Dans quelle bibliothèque a-t-il vu ce chef-d'œuvre, dont il semble ne proposer l'imitation à l'Institut du Caire, que pour se procurer un amas de matériaux, qui puissent l'aider, au besoin, à éclaircir quelque passage de l'histoire des Soudans, ou des Ptolomées ?

Parlez franchement : demandez

si la vie patriarcale ressemble à ce que vous avez supposé, dans vos disputes métaphysiques, dont l'Europe a malheureusement retenti : s'il faut que la France abolisse des institutions judiciaires qui font la sûreté de ses habitans, pour remonter à la barbarie des sociétés primitives ; si nous devons établir un ordre moral qui entraîneroit nécessairement à sa suite, des guerres éternelles de familles, de peuplades, de factions politiques, et de factions religieuses.

60. *Variétés diététiques, leur influence sur la santé et sur la constitutition morale.*

(60). Variétés ..... diététiques. Constitution ..... morale. Il n'y avoit du vivant de Molière qu'un dix-huitième de ce ridicule ; car deux extraits liés font un ambe.

61. *Traite-t-on avec douceur les animaux domestiques ?*

(61). Question simplement équivoque en pays chrétien ; doublement équivoque, en pays chrétien et musulman; triplement équivoque, en pays musulman, copthe et arménien ; quatruplement équivoque, en pays copthe, arménien,

E

musulman et juif : quintuplement équivoque, en pays copthe, arménien, musulman, juif et samaritain ; s'il est vrai que ceux-ci sacrifient encore sur la montagne de Garizim, comme l'ont écrit, au siècle dernier, le savant Richard Simon, et d'autres auteurs d'un grand poids.

62. *Suivre le cours du Nil en remontant jusqu'aux cataractes, et vérifier jusqu'à quel point sont fondées les critiques de D'anville, sur les cartes de Norden.*

(62). Le rédacteur de cette question a-t-il sujet d'élever des doutes sur la solidité des observations critiques de D'anville, à l'égard de Norden ? Que ne le dit-il, pour excuser ses expressions, s'il est possible ? Le voyageur danois étoit mort quand on mit en ordre son journal, quand on grava ses cartes : D'anville publia sa description de l'Egypte, lorsque sa gloire n'avoit plus rien à acquérir. De quel côté est la présomption ? D'anville survécut dix-huit ans à l'impression de cet ouvrage, et ne varia point sur les changemens qu'il avoit faits à Norden. Auroit-on déjà oublié que D'anville étoit tellement supérieur à la crainte d'avouer ses fautes, que s'il lui arrivoit, après de longues recherches, ou par une heureuse rencontre, d'en corriger une, il racontoit cette correction comme une bonne nouvelle? Ne se souvient-on plus que D'anville, du fond de son cabinet, souleva l'Italie d'une main puissante, la posa savamment à côté de la place que lui avoient assignée ses devanciers; et que l'Europe académique le regarda faire avec respect? Est-ce d'un tel géographe, qu'on demande sans explication, *jusqu'à quel point ses critiques sont fondées?* Honorez la mémoire des hommes de la postérité, si vous voulez que le public ne craigne pas d'honorer la vôtre.

63. *Prendre tous les ren-seignemens possibles sur les Ouahhat ou Oasès.*

(63). Q'est ce que les Ouahhat, ou les Oasès? Sont-ce des traités hieroglyphiques, ou boustrophé-doniques, de politique et de morale? Des recueils copthes, arabes, persans, de cérémonies civiles ou

E 2

QUESTIONS.　　　　　　OBSERVATIONS.

religieuses ? Sont-ce des animaux marins, terrestres, aëriens ? Des tetrodons croissans ou décroissans, des mormyres, des scarabées, des crocodiles, des bœufs apis, des hippopotames, des momies vivantes, des galuchas…? Non; c'est un mot que vous avez pris dans une dissertation de D'anville, et que vous avez, de plus, défiguré à l'anglaise.

Qu'un de ces marchands de cartes qui se font passer pour géographes, dans l'esprit des acheteurs crédules, qu'un Lerouge, qu'un Desnos, qu'un Dezauche, s'envelopant avec gravité dans sa crasse ignorance, dise qu'il écrit à ses amis les savans d'Egypte, pour se procurer tous les renseignemens possibles sur les Ouahhats ou les Oasès ; on conçoit cette ruse de spéculateur, pour peu qu'on ait oui parler du gros Thomas : mais l'Institut natio……

Le bénédictin espagnol Feï-joo

avoit bien raison de dire que la science n'a pas moins d'hypocrites que la vertu ! *No meno ha...* Et moi qui le cite ici, je ne connois de lui que cette phrase.

64. *Y a-t-il des traces d'un ancien cours du Nil à l'ouest du Delta, soit par le Faïoume, soit par le grand vallon appelé fleuve* sans eau, *ou Bahrbelama.*

65. *Se procurer des renseignemens sur les vraies sources du Nil que les anciens ont toujours distinguées des sources des fleuves qui sortent de l'Abyssinie. Les jésuites et Bruce, ont pris un fleuve d'Abyssinie, nommé Abawi pour le Nil, mais il paraît que les sources du Nil sont à l'ouest de l'Abyssinie et que dans ces cantons, le Nil est appelé la* Rivière-blanche, *ou Bahr el Abin.*

Hérodote parle d'une route qui, de Thèbes remontoit au Nord jusques vers la

(64, 65). 1°. Je n'aime ni les jésuites ni les anglais ; et je serai content si les choses peuvent s'arranger de maniere que ni les uns ni les autres n'aient découvert les sources du Nil.

2°. Je n'aime pas davantage les rois : mais M. Bruce qui devoit ses instrumens d'astronomie à la libéralité de Louis XV, se comporta en homme de sa nation, c'est-à-dire en ingrat, lorsque parvenu aux sources qu'il cherchoit, il but avec son guide éthiopien, une bouteille de vin à la santé de George III et de Catherine II,

Méditerranée, et tournait ensuite au couchant, le long de l'Atlas, jusqu'à l'Océan atlentique.

66. *Il serait intéressant de savoir si cette route est encore suivie par les cara-vannes, et quels sont les peuples et les villes que l'on rencontre sur cette route. On trouvera des détails à cet égard, dans l'ouvrage du citoyen Gosselin.*

67. *Recueillir les rensei-gnemens les plus étendus sur la caravanne de Nubie, qui vient annuellement au Cai-re vendre des esclaves, époque à laquelle a com-mencé cette caravanne, le nombre de ceux qu'on améne annuellement au Caire, leur âge, leur sexe, le prix de la vente, les lieux d'où ils viennent, et où on les envoye, la manière dont ils sont traités, les vendeurs, les acheteurs, le nombre*

sans nommer son bienfaiteur. Ainsi dans le cas où nous ne pour-rions pas ôter à ces gens là les sources du Nil, je réclame la priorité pour les jésuites.

(66). Il est difficile que les savans du Caire aient recours à un ouvrage du citoyen Gosselin, qui n'étoit pas encore sous presse lorsqu'ils partirent de France, et dont, par conséquent la réputa-tion n'est pas encore faite.

QUESTIONS.	OBSERVATIONS.

QUESTIONS.

présumé des esclaves exis-
tans en Égypte à l'arrivée
de l'armée française. Vé-
rifier les faits allégués sur
ce sujet, par Paul Lucas
et par Lediar dans l'ou-
vrage publié par la société
d'anglais pour faire des
découvertes en Afrique.

68. *Demander au chef*
de la caravane copie de
son itinéraire et en envoyer
copie en langue arabe.

OBSERVATIONS.

(67, 68). 1°. Depuis quand des esclaves sont-ils une époque ?

2°. Ne diroit-on pas que Paul Lucas a vu débarquer notre armée en Egypte ?

3°. Est-ce en Arabie, qu'il faut envoyer une copie de l'itinéraire en langue arabe ?

4°. etc. etc. etc.

5°. Pour peu qu'on soit au courant de l'histoire dite hermétique, on sait que le véridique Paul Lucas devisa en Egypte avec Nicolas Flamel et sa femme Pernelle, trois cents ans après que ce couple vivace eut été inhumé à Paris, dans l'église de Saint-Innocent.

Ainsi, demander naïvement, d'une part, *jusqu'à quel point sont fondées les critiques de D'anville ;* et demander naïvement, d'autre part, la vérification des *faits allégués par Paul Lucas,* est une disconvenance qui choqueroit, sans doute, l'Institut d'Egypte, si elle n'avoit son excuse dans sa cause même. Quand on est pressé de savoir ce qu'on

OBSERVATIONS.

ignore., on néglige souvent les formalités. Passons donc vîtement sur le parallèle implicite de D'anville et de Paul Lucas.

Mais il est un genre de convenances auxquelles il faut ne jamais manquer. L'accroissement du trafic des anglais ne doit être ni paraître le but des travaux de l'Institut d'Egypte. Oubliez-vous, Institut de Paris, que vous êtes français? L'anglomanie auroit-elle dû trouver un azile dans votre sein? Ne seroit-ce pas à vous, au contraire, à la pourchasser, par de bons écrits; à en faire voir la turpitude à ceux de vos compatriotes qui en sont encore entachés? à la faire disparoître des recoins de la république le plus éloignés du lieu de vos séances? Songez que rien ne vous excuse, pas même les intentions d'une magnanime philantropie. Car vous êtes, dans votre élévation, comptés par nous entre les hommes qui ont toujours tort, quand les foibles sont scandalisés. Songez que la société d'anglais que vous avez l'indiscrétion de citer ici, n'est qu'une corporation précaire, dont la durée et les possessions dépendront toujours d'un clin-d'œil du gouvernement de Londres.

LITTÉRATURE ET BEAUX-ARTS.

69. *Acquisition de livres des arabes, des coptes, des abyssins, etc.*

(69). Est-ce un conseil que l'Institut de Paris donne à celui du Caire ? Est-ce une commission dont il le charge ? Si un conseil, comment a-t-il pu craindre que des hommes dont l'occupation principale est de lire des livres, ainsi que d'en écrire, oubliassent en Egypte leur habitude la plus chérie, et, pour ainsi dire, leur besoin le plus impérieux ? Que ne leur conseille-t-il donc aussi le travail et le repos ?

Si c'est une commission, il faut convenir qu'on la donne d'un façon singuliere. Et depuis Guillaume Postel et Pierre Gilles, qui se

F

QUESTIONS.

OBSERVATIONS.

70. *Recüeil de chansons et de proverbes du pays.*

rencontrèrent et se disputerènt à Constantinople, chargés, chacun de son côté, d'acheter chèrement des manuscrits pour orner les bibliothèques des princes de leur tems, jusqu'au consul Beauchamps, qui, de Bagdat, en a procuré aux orientalistes du nôtre à quarante-huit francs la piece; on n'a point vu de commissionnaire en manuscrits traité aussi lestement que l'Institut d'Egypte l'est par celui de France.

(70). M. Francklin a dit que les proverbes sont la sagesse ou l'esprit des nations. Cette idée est aussi fausse que brillante. L'Institut national l'auroit-il adoptée sans examen?

A l'égard des chansons, elles ne different entr'elles, de la zône torride aux zônes glacées, que par les formes poëtiques et musicales. Mais les nôtres, quand nous gardons notre style, sont au-dessus de toutes, en dépit de la mode italienne: et nous avons de plus,

QUESTIONS.

OBSERVATIONS.

le joyeux et moral vaudeville, qu'aucun peuple du monde ne peut imiter. Que voulez-vous donc que nous fassions de vos chansons d'Egypte ? que nous en corrompions aussi le goût de nos musiciens et de nos poëtes ? N'avons-nous pas assez de la roucoulante Italie, qui n'ayant pu atteindre à la sublimité de notre chant, a eu l'adresse de nous faire adopter la futilité du sien ? Et n'êtes vous pas l'Institut national de la république française ?

71. *Comparer la figure des naturels du Sayd avec les statues des temples du méme pays, envoyer des dessins des uns et des autres.*

(71). Quel peut-être l'objet de votre curiosité ? Seroit-ce de savoir si les statues anciennes furent modelées sur les figures modernes ; ou si les figures modernes se modèlent sur les statues anciennes ? Mais cette grande question n'a-t-elle pas été doctoralement et sur-tout pudiquement décidée, dans une de vos dernieres séances ? Un d'entre vous, le citoyen Gibelin, n'a-t-il pas prouvé, à la plus grande gloire

QUESTIONS.

OBSERVATIONS.

de tous les autres qui l'entendoient, que le bel antique d'Agathias d'Ephèse, n'est que la copie d'un grand garçon de Pésaro qu'il a vu à Rome, jouant au ballon devant le palais Quirinal, pour délecter la vue des amateurs ?

72. *Acquisition des monumens anciens, et particuliérement des médailles.*

(72). 1°. Tu dors, Urbain ? et pendant ton sommeil, on écrit, *des monumens*, pour *de monumens* ; *des médailles* pour *de médailles.*

2°. Y a-t-il si mince voyageur européen, à qui il soit nécessaire de recommander des emplettes de médailles et d'autres curiosités antiques ? Supposons pour un moment (chose qui auroit pu arriver) que l'Institut de Paris soit au Caire, et l'Instisut du Caire à Paris. Comment celui-là recevroit-il de celui-ci, le conseil qu'il lui donne sans façon, d'acheter des monumens historiques, ainsi qu'il le donneroit à un jeune gentilhomme de Pologne ou de Russie, voyageant avec son gouverneur ?

QUESTIONS.	OBSERVATIONS.

QUESTIONS.

73. *Recueillir des ouvrages, et particuliément des dictionnaires de la langue du Sayd ou haute-Égypte.*

74. *On assure que dans le monastére du Mont-Sinaï l'on conserve des manuscrits précieux, il serait important de s'en assurer et de les obtenir.*

75. *Les gravures publiées par le voyageur Bruce, des peintures qui existent encore sur l'intérieur des murs d'un des grands temples ruinés de l'antique Thébes, s'ont-elles exactes? et par exemple les harpes représentées dans ces gravures, ont-elles été fidellement dessinées, particuliérement pour le nombre et les longeurs relatives des cordes?*

OBSERVATIONS.

(73). Des dictionnaires saïds! Passe encore pour un, si on l'eût commandé sur les lieux vingt ans d'avance. Et pourquoi ne demandez-vous pas aussi des dictionnaires balbanins? Les ouvrages à recueillir, sont-il d'orféverie, de bijouterie, de mécanique?

(74). Très-précieux pour ceux qui les conservent. Ce sont, comme tout le monde sait, des psautiers, des rituels, des contes de revenans qui demandent des messes, etc.

(75). Pour la longueur relative des cordes, non. M. Bruce vous a dit lui-même, qu'il étoit pressé quand il dessina ces deux figures, à la lueur d'une torche. La question seroit donc de savoir, en en mesurant la longueur, si cet anglais n'a point trompé ses lecteurs sur le nombre des cordes, sur les proportions des figures, sur la forme des harpes : et c'est véritablement ici une question intéressante pour l'histoire des arts.

SUPPLÉMENT.

<table>
<tr><td>

QUESTIONS.

1. *Dessiner de nouveau tous les monumens, comme si on n'en avoit ni dessin ni idée.*

</td><td>

OBSERVATIONS.

(1). Ceci paroît d'autant plus nécessaire, qu'il n'appartient pas à l'Institut d'Egypte de juger de la ressemblance des dessins des voyageurs qui l'ont précédé, avant que l'Institut de France le lui ait permis.

</td></tr>
</table>

<table>
<tr><td>

2. *Observer les prétendus bateaux ou vaisseaux pétrifiés, pour savoir à quoi s'en tenir sur ces prétendues pétrifications ou conservations.*

</td><td>

(2). Que les deux Instituts pardonnent mon ignorance. Je ne connois de vaisseaux pétrifiés, dans ces cantons, que celui qui avoit porté Ulysse, de l'isle des Phéaciens à Ithaque ; et l'arche de Noé, qu'un hermite conserve sur le mont Ararat, frontières de Perse. Encore Jean (1) Struys ne nous a-t-il pas assuré que l'arche fût en état de pétrification.

</td></tr>
</table>

<table>
<tr><td>

3. *Observer de quelle espèce sont les roches qui bordent la vallée de l'Égypte.*

</td><td>

(3). N'est-ce pas, que l'Institut votre confrère n'auroit pas pensé à observer des roches, sans votre officieux avis ? Mais s'il alloit vous

</td></tr>
</table>

---

(1) Peut-être s'appelloit-il *François*. Je suis obligé de dire que j'écris ces observations à la suite d'un défi, et que je n'ai pas seulement un livre que je puisse consulter.

QUESTIONS.	OBSERVATIONS.

demander ce que c'est que la vallée de l'Egypte ?

4. *Savoir si ce que les voyageurs donnent pour marbre, est marbre ou granit ou porphyre.*

(4). Quelque habile que soit Dolomieu, je doute qu'il puisse distinguer de si loin ce qu'on vous donne à Paris. D'ailleurs il est myope. Ainsi vous patienterez jusqu'à son retour.

5. *Voir les pierres ou roches noires, pour savoir ce qu'elles sont, savoir : ou ardoises, ou roches de corne, etc.*

(5). Des *roches de corne* au singulier ! C'est presque aussi curieux qu'une pyramide qui n'a qu'un côté. Et sur quelle tête, bonnes gens ! est donc poussée cette merveilleuse corne dont on fait des roches ! Urbain Domergue mériteroit que ce fût.....

6. *Tâcher de pénétrer à ces carriéres prétendues des pierres nommées bozanites, afin qu'on sache à quoi s'en tenir sur cet objet.*

(6). Si l'Institut du Caire vous apprend qu'il y a des bozanites en Egypte, saurez-vous mieux à quoi vous en tenir sur celles qu'on vous fournit de H * et de C * ? S'il vous apprend qu'il n'y en a point, saurez-vous mieux d'où sortent celles que vous achetez en France ? Voyez à quoi on s'expose en ne prenant pas la peine de raisonner juste.

QUESTIONS. | OBSERVATIONS.

7. Visiter, si cela se peut, les roches qui contiennent ce qu'on a nommé émeraudes, afin de savoir si c'est vraiment émeraude, ou simplement spath.

8. Observer jusqu'à quelle étendue se sont prolongés les dépôts calcaires, afin de pouvoir avoir quelques éclairsissemens positifs sur l'ancien golfe occupé aujourd'hui par la basse Égypte.

9. Faire fouiller en certains endroits, peu éloignés du Nil, pour savoir qu'elle est la profondeur des dépôts successifs de ce fleuve.

10. Mesurer les pyramides comme si elles ne l'eussent point été du tout.

Observer si elles sont vraiment orientées.

(7). C'est-à-dire qu'elles ne peuvent être que l'un ou l'autre. Grand merci pour Dolomieu et pour ses compagnons.

(8). J'entends : vous ne doutez plus que le Delta ne soit un bienfait du Nil. Vous voulez qu'on vous apprenne le comment ; il ne vous restera donc qu'à *pouvoir avoir* le pourquoi. Quelles contradictions ! et quel style ! Barbares !

(9). Article excellent dans une missive d'un négociant de Marseille à son facteur au Caire.

(10). Je défie Monge, Costaz, les deux Méchain, tout l'Institut du Caire, l'armée d'Egypte et son général, de les mesurer autrement. Demandez à Lagrange, à Laplace, à Legendre, à Bossut, etc.

Vous avez déjà donné cet ordre ; mais ce qui abonde ne nuit pas. N'est-il pas vrai ? vous qui aimez les proverbes.

11.

QUESTIONS.	OBSERVATIONS.

Avoir un plan exact, et la coupe de l'intérieur de la grande pyramide, et bien observer si elle ne contiendroit point quelques chambres, autres que celles qui sont connues.

Autre double emploi, puisqu'il n'est point de partie qui ne soit comprise dans son tout, et que vous avez ordonné plus haut, qu'on redessinât tout ce qui a été dessiné. Quant aux chambres, à bon entendeur demi - mot. Si l'Institut du Caire en découvre de nouvelles, ce sera l'Institut de Paris que nous en remercierons.

11. *Tâcher de découvrir quelques antiques sépulcres, afin d'en extraire des momies que l'on puisse regarder comme trés - authentiques, et recueillir tout ce qui accompagne ces momies.*

(11). L'histoire de la momie de M. de Buffon est trop connue pour que je la raconte à l'Institut national. Mais je ne peux me dispenser de le faire souvenir que hors les momies de carton, toutes les momies sont authentiques ; et qu'ainsi que les louis fourrés de Warin, sont plus curieux que des louis entièrement d'or, une momie qui seroit la contrefaçon d'une momie, seroit plus curieuse qu'une momie.

12. *Rechercher avec soin le monument décrit par Norden, dont la gravure est*

(12). La date de ce monument, s'il y a une date, est en hiéroglyphes, vous le savez. Que dites-vous

QUESTIONS.

dans son voyage, et qui re-
présente un homme et une
femme au pied d'un arbre,
un ange ou un diable entre
deux : dessiner exactement
ce monument, avec ce qui
l'accompagne, afin de pou-
voir en découvrir la date,
si cela est possible.

13. *Rechercher ce qui*
peut être le plus vrai sur
le puits prétendu de Joseph,
sur le lac de Moëris, et sur
le labyrinte.

14. *Rechercher ce qui*
peut exister encore des édi-
fices romains, ainsi que de

OBSERVATIONS.

donc ? Quant au monument,
Norden, le seul voyageur qui en
ait fait mention, n'a point avancé
que l'un des deux hommes qu'il
représente, soit un ange ou un
diable, plutôt que ce qu'il paroît. Croyez-vous qu'il soit *pos-*
sible de pouvoir faire dire à Norden
ce qu'il n'a pas dit ?

(13). Ce qu'il y a de plus vrai
sur le puits de Joseph, c'est qu'en
Egypte, en Arabie, en Perse,
en Turquie, on trouve des puits
de Joseph, ainsi qu'en France ;
car, en quelque lieu que Jean ou
Joseph fasse creuser un puits,
c'est ordinairement le puits de Jean
ou de Joseph, comme la maison
de Baujon est la maison de Baujon.
Ce qu'il y a de plus vrai sur le lac
Moëris, et sur le labyrinthe,
c'est que l'Institut du Caire n'a
besoin, sur l'un ni sur l'autre,
de votre avis ni du mien.

(14). *Idem.*

QUESTIONS.   OBSERVATIONS.

leurs chemins, s'il y en a eu.

15. *Enfin avoir une carte exacte de l'Égypte.*

(15). Oui, une carte de Cassini confisquée par D'églantine ; et que le citoyen Vignon en reçoive les cuivres par le prochain courrier.

16. *Découvrir la vraie place de Memphis, et savoir à quelle profondeur elle est ensevelie.*

16. Craignez-vous que quand ils l'auront découverte, si elle est couverte, ils oublient d'en mesurer la profondeur ? ou bien, craignez-vous qu'ils n'en mesurent la profondeur, avant de la découvrir ?

CONCLUSION.

TELLES sont les quatrevingt-onze questions que l'Institut de France vient d'adresser à l'Institut d'Egypte. Telles sont les observations rapides qu'un dialecticien a pris la liberté de faire sur ces questions. Il n'a point eu d'autre motif, que le désir d'être utile aux sciences, aux arts, à la saine littérature ; en incitant, autant qu'il est en son pouvoir, une illustre compagnie, qui fixe les regards de la République et de l'Europe, à ne plus négliger le vrai but de sa formation ; à examiner désormais avec une attention scrupuleuse, le moindre des écrits qui sortiront de son sein : à se faire respecter dans sa réunion, comme nous l'estimons, comme nous l'admirons, dans les sages, dans les savans, dans les poëtes distingués et dans les écrivains de bon goût qui la composent.

Toutes les académies se ressemblent par leurs commencemens. Toutes ont eu leurs Balesdens, leurs Porchères-Laugier, leurs Porchères-d'Arbaud, etc. : et d'ordinaire ceux-ci font beaucoup de bruit, et gâtent le peu de besogne à laquelle d'autres essayent de se livrer. L'académicien qui se sent un talent supérieur, ne s'inquiète malheureusement pas assez de la gloire du corps dont il est membre. Il se fie à sa propre réputation, et laisse aller l'académie comme elle peut.

Ouvrez les premiers volumes publiés par l'académie des sciences, sous le titre de *Machines présentées* : vous ne pouvez en soutenir la lecture. Les estampes vous dégoûtent. Ce sont des projets de voitures inversables, par la suppression des roues et des essieux ; des carrosses suspendus comme des lustres, des charrues à voiles, etc. Et si vous lisez ensuite la biographie de Fontenelle, vous serez surpris que les savans dont il fait des éloges si touchans et si mérités, soient les mêmes hommes sous le nom desquels on avoit présenté au public toutes ces niaiseries.

L'académie française avoit quarante ans d'existence, qu'on étoit encore à y savoir ce que c'étoit qu'un mât de navire. Une discussion s'entama sur ce mot. Le lexicographe Doujat, chancelier de l'université, s'offrit pour aller en étudier la signification, sur une gravure qu'il avoit remarquée en étalage contre un mur voisin. Racine, qui se trouvoit à côté de Doujat, le fit rasseoir en le retenant par sa toge de docteur, et se moquant de lui.

Cette académie n'étoit composée que d'écrivains. Quelle différence! L'Institut national offre à notre admiration les principaux savans et les artistes les plus renommés de l'Europe; la plupart de nos premiers écrivains et de nos philosophes les plus célèbres. Qui ne croiroit pourtant que les questions qu'il vient d'envoyer en Egypte, furent autrefois rédigées par Doujat, Balesdens, ou l'un des Porchères, sous le coup-d'œil malin de Racine et de Boileau? Plusieurs de ces questions, il est vrai, si elles étoient isolées, ou seulement rédigées avec précision, ne seroient ni absurdes, ni ridicules. Mais les unes sont totalement défigurées par la question qui précède et celle qui suit; les autres se trouvent altérées dans leur essence, par les accessoires dont elles sont envelopées. Il en est des idées comme des personnes; la mauvaise compagnie les corromp. La troisième question, par exemple, pourroit offrir une application bien frapante de cette vérité. Il y a l'infini à parier contre un , qu’elle n’a pas été rédigée par l’illustre Laplace ; quoique à l’examen, elle paroisse avoir pour objet d’accumuler les preuves d’une belle découverte qu’il vient d’ajouter à ses précédentes sur le mouvement de la lune.

Puissent ces réflexions obtenir à celui qui les fait, l’indulgence de tous les hommes d’un mérite éminent qu’il sembleroit avoir envelopés dans sa critique ! Si ce vœu se réalise, l’auteur aura la satisfaction de se voir excusé, absous par la grande majorité de l’Institut national ; peut-être même encouragé à lui adresser particulièrement, et à lui soumettre des observations d’une tout autre importance que celles qu’on vient de lire.

Au surplus, l’Institut national des sciences et des arts n’apprendra pas sans étonnement, qu’il se soit trouvé des libraires qui aient refusé de mettre leur nom en tête de ces mêmes observations , et par conséquent de les imprimer. C’est un grand mal dans la République, qu’une semblable retenue, si elle est fondée sur la crainte ; et le refus de ceux à qui l’auteur s’est adressé, n’avoit pas d’autre cause. Certes, il est tems que les libraires patriotes apprennent à distinguer les productions simplement philologiques, qui nous deviennent plus nécessaires à mesure qu’elles sont plus rares, de ces coupables écrits

dont le moindre défaut est d'accoutumer ceux qui les lisent,
à regarder avec indifférence la liberté de leur patrie, et la
réputation de leurs concitoyens. Sans doute la publicité de
présente critique, leur prouvera qu'en France, l'écrivain honnête-homme peut, sans inconvénient, émettre ses idées, et le
libraire honnête-homme en avouer la circulation.

*L*L*